SOMMARIO

Giorgio Cortenova

In copertina:
Jeanne Hébuterne seduta con il braccio sulla spalliera, particolare (1918). Pasadena, Norton Simon Museum.

Nella pagina a fianco:
Nudo in piedi (Elvira) (1918).

Qui accanto:
Nudo sdraiato sul fianco sinistro, particolare (1917).

La cultura di Modigliani

Qui sopra: Modigliani alle spalle di Giovanni Fattori. Foto del 1898.

Nella pagina a fianco: *Autoritratto* (1919).

È l'unico autoritratto dipinto dall'artista, realizzato poco prima della morte.

NELL'INVERNO del 1901, Amedeo Modigliani scrive a Oscar Ghiglia una lettera, divenuta famosa, che è quasi il manifesto della sua giovinezza e il giuramento per il suo futuro. Modì non ha ancora diciassette anni, ma già da tre anni, dopo avere contratto il tifo con non poche complicazioni polmonari, ha abbandonato gli studi e si dedica unicamente alla pittura. «Se fa tutto il giorno e tutti i giorni», annota la madre nel suo diario, «con un ardore sostenuto che mi stupisce e m'incanta».

Tutto quell'ardore traspare bene in quella lettera all'amico Oscar. Anzi, qualcosa di più. Infatti, c'è già cultura. Modigliani rivela sì il tipico fervore giovanile che lo spinge a dichiarazioni assolute e, insomma, a lasciare scorrere la penna intingendola nel pathos spontaneo dell'adolescenza, ma rivela anche non pochi echi letterari: per esempio, una ferrea volontà alfierana, evidente nell'attendere «ad una nuova opera» e nel vedervi «la necessità del metodo e dell'applicazione». Si direbbe che l'atteggiamento dell'animo del giovane faccia capo a un bagaglio scolastico ancora legato al secondo Risorgimento, da cui non è assente l'esempio carducciano.

Tuttavia, su questo sfondo di grandi propositi e di ferme volontà s'insinua la sensualità dannunziana, il gusto letterario per l'effetto forte, carico di simboli e di spiritualismi; la percezione, infine, di una realtà non soggetta alla pura ragione, ma esaltata e nello stesso tempo «inquinata» da segreti liquori e da altrettanto magiche forze interiori. Altrimenti, non si scrive: «Io sono ricco e fecondo di germi ormai e ho bisogno dell'opera. Io ho l'orgasmo, ma l'orgasmo che precede la gioia, a cui succederà l'attività vertiginosa, ininterrotta dell'intelligenza». Anche «le bellezze di Roma», da cui il giovane artista ha «raccolto la verità sull'arte e sulla vita», che ora intende formulare con «maggiore lucidità», sono un riferimento da suddividersi tra la cultura carducciana e l'idealismo estetico di marca dannunziana.

D'altra parte, non è un caso che, qualche anno dopo, Amedeo citasse a memoria Carducci e D'Annunzio, oltre a Dante,

modigliani

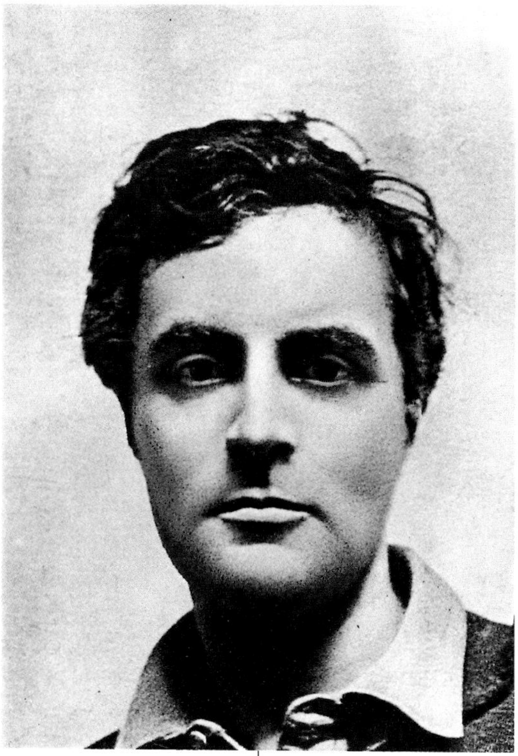

Qui sopra:
Modigliani
in una foto
degli anni parigini.

Qui sotto:
l'artista in una foto
scattata qualche mese
prima della morte.

stupendo gli amici di Montparnasse per quel suo recitare versi in piena allucinazione. In ogni caso, la sua cultura di allora non esce dal panorama ristretto di quell'Italia dell'inizio del secolo; anche se sospinta dall'aristocrazia raffinata della famiglia, essa non si distanzia di molto dalle mediocri conoscenze dei nuovi liceali e comunque delle medie superiori. Anzi, in lui, e in molti tra i giovani più vivaci di allora, era più forte la rivendicazione e l'aggressività creativa, di quanto non fosse solido e ben strutturato il terreno su cui poggiavano. Una situazione simile è, a ben vedere, alle origini dello stesso Futurismo. Anzi, ne costituisce il bagaglio, lo slancio e, naturalmente, il limite. Questo "gap" tra energia creativa, pulsioni desideranti dell'io e reale consapevolezza culturale è evidentissima (e, vista l'età, prevedibile) sia nella lettera appena citata del 1901, sia in quella (sempre a Ghiglia) del 1905. Scrive per esempio: «E da questo orgasmo io mi risolleverò gettando di nuovo nella grande lotta, nell'azzardo, nella guerra, un'energia e una lucidità non prima conosciuta. Io vorrei dirti quali sono le nuove lancie con cui riproverò la gioia della guerra...».

Modigliani non sarà mai futurista; tuttavia è impossibile non rammentare un'emotività culturale che però fu futurista. Basterebbe qualche lettera del giovane Boccioni per ritrovare la stessa attesa "armata" dell'opera. Ma infine, come non trovare uno stretto collegamento tra quell'"orgasmo" sfibrante, che annienta le forme e scarica una nuova energia vitale, e l'uscita di strada dell'automobile futurista nel manifesto del 1909? Nel caso del manifesto di Marinetti l'orgasmo avviene nella melma/placenta del ventre/fossato/madre. Lì si verifica il fremito attraverso cui l'automobile perde le forme della carrozzeria e, rigenerata in energia, si trasforma in puro dinamismo. L'idea di un orgasmo rigenerante non è dunque un contenuto nuovo e originario del Futurismo. Si tratta di un humus culturale che traspare anche in Modigliani, e che si fonde con il concetto di caduta e rinascita, che transita dall'Italia alla Russia di Majakovskij. Non si tratta del clima rimbaudiano, che fonda la "caduta" come eccesso disgregante dell'esperienza psicofisica. Qui i termini vengono contenuti dentro uno schema che paga non pochi tributi all'Ottocento provinciale, in cui le spinte spiritualistiche non venivano metabolizzate alla luce del grande Simbolismo europeo.

Tornando a Modigliani e alle sue lettere giovanili, ecco un passaggio da non tralasciare: «... l'uomo che dalla sua energia non sa continuamente sprigionare nuovi desideri e quasi nuovi individui destinati per affermarsi sempre e per abbattere tutto quello che è di vecchio e di putrido restato non è un uomo, è un borghese, uno speziale, quel che vuoi». Come si vede non manca nulla: in primo luogo c'è la polemica antiborghese; in secondo luogo, la condanna del passato e del vecchio, in nome di un orizzonte nuovo e genuino, proiettato continuamente in avanti; in terzo luogo, la fermezza espressiva, che non ammette incertezze né mezzi termini, e la fiducia nella possibilità e capacità umana di affrancarsi dai retaggi del falso storicismo.

Ma c'è davvero proprio tutto affinché Modigliani, se fosse rimasto nel giro italiano, potesse divenire un futurista? Certamente no. Infatti, sotto questo piano culturale, si sviluppa un altro livello che caratterizza la sua personalità, aprendo peraltro nuove strade d'interpretazione. Amedeo fu un "dandy",

come per altri versi lo furono per esempio de Chirico e soprattutto de Pisis. Troppo ideologicamente seriosi, i futuristi, per essere ''dandies''. La polemica antiborghese di Modigliani e lo spirito anticonformista, pronto a scendere in guerra contro gli ''speziali'', venivano messi in campo in nome di un'aristocrazia di vita che trovava impulsi di socialità solo in un popolo nuovo, e comunque in un popolo ''diverso''.

Lo stesso modo di vestirsi, fin da giovanissimo, testimonia in Modigliani un dandismo precoce. Jacob ci racconta della sua eleganza «tipicamente italiana», ma i grandi foulard bianchi, le larghe giacche di velluto, e altro ancora, rappresentano un'accuratezza non restringibile all'eleganza ''tout court'', ma che si lascia intendere come atteggiamento più profondo dell'io.

Un simile protagonismo ''dandy'' è visibile in quasi tutto il materiale fotografico che è giunto fino a noi. Fin dalle prime stampe, come quella che lo ritrae con Giovanni Fattori. L'immagine è perfino toccante ed è del 1898, quando Amedeo aveva appena quattordici anni. Il giovane si è messo alle spalle dell'anziano pittore, con la mano sinistra appoggiata a un braccio, quasi a proteggerlo. Il gesto, di estrema affettuosità, quale può darsi tra parenti stretti (nonno/nipote), è però ricco di una genuina e spontanea ''verve'' recitante. Il povero Fattori, inconsapevole del sorriso spavaldo e insieme protettivo del ragazzo alle sue spalle, regge la parte quasi si trattasse di un incontro storico o d'immortalare un passaggio di consegne.

Tutta la documentazione fotografica di Modigliani rivela pose attente alla propria figura; ma non si tratta tanto dell'edonismo narcisista, peraltro prevedibile in un bel giovane quale Modigliani era, quanto di un modo come un altro di trasformare se stesso in linguaggio, con un filo di protagonismo raffinato e un filo, invece, di sottile ironia. Il vero ''dandy'', infatti, si relaziona a coloro che sono stati e a coloro che saranno; mai a coloro che sono. E Modigliani, d'altronde, presentiva addirittura ciò che egli stesso sarebbe divenuto.

Qui sopra:
Marevna Vorobieff Rosanovitch, *Omaggio agli amici di Montparnasse* (1918).
Ginevra, Musée du Petit Palais.

Qui sotto:
Marevna Vorobieff Rosanovitch, *Ritratto di Modigliani* (1918).
Ginevra, Musée du Petit Palais.

L'ebrea (1908).

La ragazza ritratta era un'amica di Modigliani e di Paul Alexandre. Il dipinto fu esposto con altre cinque opere al Salon des Indépendants di Parigi del 1908.

Tra Montmartre e Montparnasse

Donna con cappello (1907).

L'acquerello è considerato, con uno studio per *L'ebrea*, una delle opere più antiche di Modigliani del periodo parigino.

E' A VENEZIA, tra il 1903 e il 1905, che Amedeo Modigliani s'immerge per la prima volta in un'atmosfera culturale ampia e diramata. La sua prima, importante formazione avviene nella città lagunare, tra il riflusso mai sopito di un lontano Oriente e la sua intrigante e nuova "corruzione" mitteleuropea. Per la prima volta la dolcezza cadenzata del Trecento senese e la più robusta certezza della tradizione fiorentina subiscono, nell'animo del giovane artista, l'attacco dei virus viennesi e monacensi: "l'oltraggio", insomma, di uno spiritualismo moderno, sfaccettato, decadente, e nello stesso tempo capace di nuove e insospettate infrazioni. È in questa deriva carica di fermenti, di sottili liquori erotici, di ineguagliate malattie del vivere, che si formano le prime fondamenta della coscienza moderna ed europea di Modigliani.

Se il crogiolo era di natura varia e sfaccettata, su tutto si distingueva la sigla klimtiana e il simbolismo nordico di Munch, mescolati con la magia misteriosa di un Gauguin. Da Parigi giungevano intanto i primi echi dei paradisi artificiali e maledetti di Baudelaire e Lautréamont, che forse già gli erano passati sotto gli occhi a Livorno, all'interno di quella cultura che la famiglia Modigliani coltivava, tra filosofia, politica e lingue; tra segnali genealogici che si volevano riferibili addirittura a Spinoza e spinte verso un socialismo umanitario che contribuiva a distinguere quell'aristocrazia dal provincialismo borghese e bempensante dell'ambiente.

L'attenzione di Amedeo per la pittura senese, in particolare per Simone Martini, ha spesso condotto a un collegamento diretto e soprattutto esclusivo tra la sua famosa linea rotondeggiante e quell'antica cultura. Ma se collegamento esiste, certo esso non esaurisce una serie di spinte che sono prima di carattere culturale, quindi più specificamente linguistico. Il problema della linea, in Modigliani, rimane ancora legato a un'interpretazione piena e tranquillizzante.

Si è spesso parlato anche della lezione botticelliana.

Queste ipotesi sono tutte verosimili: anzi, sullo sfondo del-

Qui sopra:
Il mendicante di Livorno (1909).

Fu realizzato in Italia, durante un breve soggiorno a Livorno e venne esposto al Salon des Indépendants del 1910.

Qui sotto:
Il suonatore di violoncello (1909).

Anche questo dipinto venne esposto al Salon del 1910.

la sua storia creativa possono darsi come certezze. Tuttavia, esse non sono sufficienti a decifrare la natura profonda del suo "rabesco" tanto singolare, e addirittura rischiano di rinviarne la definizione. Il fatto è che si è spesso voluto un Modigliani cultore di una forma remota e incantata, artefice di un bel dipingere chiuso in se stesso, capace di sfuggire le disgregazioni di quel movimentato e peraltro tragico inizio secolo.

In realtà, Modigliani sente che il filamento ondoso di Munch scatena un senso di vuoto cosmico che attraversa l'io; percepisce a fondo l'amaro naufragio e il rivoltoso erotismo di Klimt; e si accorge che il contenuto simbolismo di Lautrec sottolinea la dignità ultima di un'umanità dolorante.

Modigliani non è esente dal naufragio a cavallo tra i due secoli. Non lo risolverà nell'avanguardia del linguaggio, ma nella sua coscienza storica. In ogni caso, quel giovane, che scrive a Ghiglia parole di speranza e di vitalistica intraprendenza, già a Venezia non esita a inquinare quell'energia con la consapevolezza di un malessere profondo che avvolge l'umanità.

Con questo bagaglio Modigliani giunge a Parigi nell'inverno del 1906. Ha appena ventidue anni. Affitta uno studio in rue Caulaincourt, a Montmartre, nelle vicinanze del Bateau Lavoir. Nella zona già s'incrociano e si frequentano Picasso, Salmon, Jacob, Utrillo e altri personaggi che hanno fatto storia.

Nell'autunno del 1907 conosce Paul Alexandre, un medico, estimatore d'arte e collezionista, che due anni dopo, nel 1909, gli presenterà Constantin Brancusi. Ma intanto, nel 1908, espone al Salon des Indépendants sei opere, fra cui *L'ebrea*. Nello stesso salone esporrà nel 1910 ancora sei opere, tra cui *Il suonatore di violoncello*, *Il mendicante di Livorno*, *La mendicante*.

L'ebrea la dice lunga sulla maturazione del suo linguaggio a quella data. Senz'altro il lavoro sente l'influenza del "periodo blu" di Picasso, attestandosi su di una monocromia appena contrappuntata dal rosso delle labbra. Ma questo è solo l'aspetto esteriore del linguaggio. In realtà, l'immagine risulta immersa in una luce d'acquario che allontana anche il ricordo di Lautrec e che carica l'opera di un simbolismo più complesso, ritagliato all'interno di quei fermenti secessionisti che sono l'anima più sensibile del malessere che attraversava l'Europa. Modigliani dimostra di avere intrapreso la strada di una modernità in cui il linguaggio viene terremotato attraverso l'insorgere della psiche. Ma la sua è una strada profonda, che non cadrà mai nello psicologismo. Piuttosto è il caso di precisarla in ordine alla continuità dell'uomo e a quello spessore misterioso che è dato dalla lontananza immemorabile, eppure presente, della sua origine.

Busto di giovane nuda (La piccola Jeanne), del 1908, conferma queste ipotesi, anche se già incomincia a farsi largo la lezione cézanniana. Dipinta all'incontrario di una figura che evidentemente non lo accontentava (i tratti della testa affiorano ben visibili in basso, a destra), questa immagine proviene ancora una volta da lontananze i cui abissi sembrano racchiusi negli occhi grandi e misteriosi: sguardo cieco dell'assenza e insieme della veggenza che caratterizza tanti suoi ritratti. Ancora Modigliani non ha un suo linguaggio, ma ha ormai una sua traiettoria culturale. Sarà quella che gli permetterà l'originalissima lettura dell'arte egiziana e primitiva, e di ascoltare secondo una cifra ancora inespressa la lezione di Paul Cézanne.

Busto di giovane nuda (La petite Jeanne) (1908).

L'effigiata era una paziente del dottor Alexandre. Il dipinto fu esposto al Salon des Indépendants del 1908.

Tra il 1909 e il 1914 si sviluppa e si conclude l'avventura di Modigliani scultore. Come noto l'artista dovrà abbandonare la pratica per motivi di salute. Ma tra queste due date si rafforza e si matura completamente il terreno della sua ricerca.

Nei primi mesi del 1909 si trasferisce a Montparnasse, che sta per divenire il cuore nuovo di una Parigi che lascia alle spalle l'era di Montmartre, quasi a cercare spazi nuovi per l'arte ormai insofferente della lunga tradizione impressionista. Di lì a qualche mese, lo seguono Picasso e Matisse. Arrivano, poi, Soutine, Kisling, Chagall, Van Dongen, Vlaminck: tutti coloro, insomma, destinati a dar vita alla Scuola di Parigi.

Questa famosa Scuola va tuttavia individuata come una realtà degli anni Venti; e se diventa tale, ciò lo si deve all'influenza che molti di quei personaggi esercitarono sulla cultura europea dell'epoca. In realtà, Modigliani si trovò a muoversi tra due grandi versanti: quello cubista emergente e quello fauvista-espressionista, che già aveva scatenato la sua battaglia.

Beatrice Hastings davanti a una porta (1915).

Modigliani conobbe l'inglese Beatrice Hastings, poetessa e scrittrice, nel 1914 e con lei visse, più o meno burrascosamente, per quasi due anni.

Raymond (1915).
Probabilmente si tratta di Raymond Radiguet, l'autore di *Le diable au corps*, che cita Modigliani in una novella, riferendosi al caffè parigino La Rotonde.

Cendrars (1917).

L'effigiato è il poeta Blaise Cendrars, da poco tornato dal fronte dove aveva perso l'avambraccio destro.

In quell'anno detterà il testo *Su un ritratto di Modigliani*, come presentazione per la mostra dell'artista alla galleria Weill.

Jean Cocteau (1916).

È un ritratto famoso, in cui Modigliani riesce a rendere, attraverso l'accentuata verticalità e il volto scarnito, una viva immagine del poeta fascinoso, animatore della Parigi di quegli anni.

Ma, al di là di questi due fronti, peraltro tutt'altro che compatti, Montparnasse si presentava come un crogiolo dalle mille sfaccettature. Infatti, non vi è né uno stile né un linguaggio che in qualche modo accomunasse i "montparnos"; gli stessi modelli di vita spesso divergono inesorabilmente. Si respira però un clima, alle volte una sfida, altre volte una disperata dimenticanza del mondo, aspetti che finivano con l'unificare ciò che il linguaggio divideva.

Alla base della vicenda di Montparnasse c'è la realtà di un inizio secolo non ancora assestato, in cui anzi si percepisce con allarme una condizione di precarietà già anticipata dall'ultimo decennio dell'Ottocento. Era quella stessa sensazione di precarietà che aveva avviato verso una sorta di spiritualismo simbolico perfino un artista tanto dedito alla percezione pura della retina come Monet. Se da un lato il Cubismo lavorava a frantumare e insieme a riorganizzare il linguaggio, da un altro punto di vista l'atmosfera era quella di un naufragio ancora inespresso, cui sembrava non si potessero opporre efficaci resistenze. Perfino le pennellate "barbare" di Soutine sembravano il frutto di un'esasperazione romantica che emozionava per la forza d'impatto, ma che nello stesso tempo mostrava l'amarezza di un'adesione alla vita per molti versi impossibile e interdetta, a meno che non fosse vissuta all'interno di inferni o paradisi artificiali. In ogni caso, il 1920, anno della morte di Modigliani, rappresentò quasi un giro di boa per Montparnasse e i "montparnos". Quella difficile esistenza ai margini dell'ufficialità e del mercato diverrà il centro di una vera e propria corsa all'arte delle monete europee e dei dollari americani, appena frenati, ma solo per qualche mese, dall'ondata negativa della grande recessione. Monsieur Chèron, ritratto con tanta intensità da Modigliani, è l'esempio più calzante di un nuovo modo d'intendere il mercato. Un'autentica ammirazione per l'arte, e spesso un'indubbia dolcezza per i suoi protagonisti, faceva eco a un cinismo nuovo che disegnava le caratteristiche del moderno mercante.

Ritratto di Monsieur Chèron (1917).

Negli anni Dieci, Chèron acquistò per una manciata di franchi tutto ciò che fu possibile acquisire, sicuro che il tempo gli avrebbe dato ragione. E non ce ne volle molto perché quel gruppo variegato di profughi e di "maudits" divenisse la trionfante Scuola di Parigi.

Ma il successo non cancellò mai l'amarezza di fondo che avvolgeva quella "folle époque". Certo, vi fu un'ondata inusitata di vera e propria gioia di vivere; tuttavia i "montparnos" la vissero con la consapevolezza dolorosa e stupita di rappresentare una generazione in bilico, se non altro tra le due grandi tragedie belliche del secolo. Fu questa la coscienza e l'allarme storico che accompagnarono sempre la loro vicenda umana e creativa. Un simile modo di sentire il proprio tempo è leggibile sia nel protagonismo eccentrico di un pittore sorprendente come Foujita, sia nei ritratti di Van Dongen, presto divenuto pittore alla moda della ricca borghesia internazionale che gravitava sulla Parigi del secondo decennio del secolo.

Qualcuno, come Derain o Pascin, non mantenne le promesse avanzate nei difficili anni Dieci; qualcuno si perse; qualcun altro dominò il proprio tempo e mise un'ipoteca fondamentale sul nostro.

Max Jacob davanti a una porta (1916). Cincinnati, Art Museum.

Modigliani realizzò due ritratti di Max Jacob, letterato, pittore, antiquario, chiromante, grande amico di Picasso.

In ogni caso, anche Picasso fu uno dei ''montparnos''.

È difficile stabilire fino a che punto Modigliani sintetizzi Montparnasse, ma è certo che egli ne determinò più di chiunque altro il clima.

In primo luogo, egli fu il campione di un modo bruciante di intendere la vita e di portarla a coincidere con l'arte sulle orme degli inferni rimbaudiani; in secondo luogo, egli rappresenta una nostalgia che da un lato appartiene al linguaggio nella sua specificità, ma da un altro lato scaturisce dal sentimento di un io esiliato dal proprio baricentro, costretto al brivido del naufragio, in quella Parigi di esuli disponibili al delirio dei sensi e della mente; in terzo luogo, Modigliani insegue il disegno di un'estrema armonia, raggiungibile attraverso la sintesi estetica: ultima speranza, peraltro, di armonizzare se stessi con il mondo.

Se si considerano questi aspetti, allora Amedeo Modigliani rappresenta la figura emblematica e centrale di quella Parigi e di qualla Montparnasse.

Qui accanto:
Testa (1911 circa).

Nella pagina a fianco:
maschera Guro,
proveniente
dalla Costa d'Avorio.

L'incontro con Brancusi

C**ON QUESTO BAGAGLIO** alle spalle, con quella sua linea ancora incerta tra stilizzazione spiritualistica, contaminazioni klimtiane e risentita umanità lautrechiana, Amedeo Modigliani ha i due incontri fondamentali della sua vita: da un lato Brancusi e la lezione primitiva, da un altro lato l'opera di Cézanne. Attraverso queste scoperte il giovane livornese fonda e consolida il proprio linguaggio. È con tali presupposti riflessivi che potrà muoversi con sicura originalità e autonomia in quel crogiolo di Montparnasse in cui non era facile costruirsi una bussola né mediare con l'ambiente. Valga per tutte la presenza incalzante di Picasso.

Il capitolo Brancusi, e soprattutto il rapporto d'interesse con la scultura primitiva, è un capitolo da rivedere ampiamente. Sembra sia stato il dottor Paul Alexandre a presentare Modigliani a Constantin Brancusi. È anche assodato che proprio Brancusi confortasse Modigliani, che a questo proposito forse mostrava già una sua precisa volontà, nella convinzione di dover fare scultura con il procedimento "a levare": evitando, in altre parole, la malleabilità della creta e della cera, per ritornare invece alla durezza del marmo e delle pietre, casomai al legno.

Brancusi, già nel 1907 (si veda *Testa di ragazza*) aveva superato i modelli rodiniani, semplificando in fase riduttiva i volumi, tanto da lasciar trasparire una sorta di purificazione.

Esemplare, a questo proposito, *Il bacio* del 1907-1908. Per certi aspetti debitrice a *Figura accovacciata* di Derain, l'opera dello scultore romeno mostra di essere giunta alla prima maturazione teorica della "scultura diretta", il che significava un "attacco" alla materia senza alcuna mediazione di modelli antecedenti, né traduzioni di questi in altri materiali: procedimento tipico del bronzo e della stessa scultura in marmo, nel caso in cui essa fosse eseguita, su commissione, da laboratori specializzati a seguire il modello dell'artista.

Brancusi riabilitava, dunque, l'emozione della materia; ma nello stesso tempo promuoveva un approccio con essa sviluppato a livello mentale, chiave di volta di una sublimazione che ne facesse lievitare la tensione e la primitiva energia. E non

vi è dubbio che in tutto ciò giocarono un ruolo non trascurabile le forme chiuse delle arti tribali. Se Amedeo Modigliani aveva dunque bisogno di rafforzare le proprie convinzioni verso la scultura e di trovar loro una più precisa traiettoria linguistica, aveva in Brancusi lo stimolo necessario allo scopo. L'amicizia e la frequentazione tra i due fu delle più felici. I relativi studi erano quasi comunicanti, e certo Brancusi sentiva lo scalpellio di Amedeo in quel cortiletto di cui la poetessa Anna Achmatova ci parla nei suoi diari.

Il rapporto di Modigliani con Brancusi si presenta dunque in discreta trasparenza. È invece più problematico il ruolo che dovette avere per lui l'arte primitiva. Poteva vederla da Brancusi, da Vlaminck, al Trocadero.

Si è soliti attribuire a Vlaminck il merito di avere per primo sottolineato l'interesse per l'"arte négre", nonché divulgato l'immagine nel milieu artistico parigino. La cosa è stata spesso contestata, ma resta il fatto che Vlaminck si era costruito in quegli anni una discreta collezione di quei "reperti".

È abbastanza noto l'aneddoto secondo il quale Vlaminck, trovandosi per caso tra le mani una maschera africana, la mostrasse subito a Derain: «È bella come la Venere di Milo», affermò Vlaminck. «No», esclamò Derain, «è bella quanto la Venere di Milo». «È più bella della Venere di Milo», sentenziò Picasso qualche tempo dopo.

Aneddoti e leggende a parte, l'arte primitiva cominciò a muovere l'entusiasmo e la riflessione del mondo artistico proprio tra il 1905 e il 1906. Non che non fosse prima conosciuta. Lo era già nell'Ottocento, ma solo in quegli anni l'arte sentì un'ulteriore e diffusa esigenza di rapportarvisi.

Ogni artista a suo modo; peraltro, per molti di loro si trattò più di un clima che di una vera infiltrazione nel linguaggio. Valga per tutti proprio il caso di Vlaminck, il quale fu attratto solo e soprattutto dalla violenza cromatica (infatti le prime sculture da lui acquistate furono delle Yoruba dipinte con accesa policromia); qualcosa di simile può essere affermato per Derain, che guarderà più a reperti precolombiani.

Diverso invece il problema per Picasso e Modigliani.

La produzione di Modigliani ci rivela un interesse sfaccettato. In realtà, fu per lui di fondamentale importanza la conoscenza dell'arte egiziana e la conseguente riflessione. Essa si confaceva più di ogni altro stimolo al suo innato sentimento di remota e profonda veggenza. Va detto che all'inizio del nostro secolo l'idea di arte primitiva versava in uno stato di grande confusione, non foss'altro per il fatto che tutto ciò che precedeva la civiltà greca era annoverato nel grande mare della primitività, arte egiziana compresa.

Perciò i documenti tradiscono spesso il lettore di oggi. Ma parlano chiaro le forme e, d'altra parte, non mancano documenti più che espliciti.

Per Modigliani basterebbe il diario di Anna Achmatova. «In quel tempo», scrive la poetessa russa, «si occupava di scultura: lavorava in un cortile, vicino al suo atelier; nel vicoletto vuoto si sentivano i colpi del suo martello [...]. In quel tempo Modigliani sognava l'Egitto. Mi portò al Louvre, perché visitassi la sezione egizia; affermava che tutto il resto, «tout le reste», non era degno di attenzione. Disegnò la mia testa in acconciatura di regina egizia o di danzatrice...».

Nella pagina a fianco, dall'alto:
Constantin Brancusi,
Testa di ragazza
(1907).

Constantin Brancusi,
Il bacio (1907-1908).
Craiova (Romania),
Muzeul de arta.

André Derain,
Figura accovacciata
(1907).
Vienna,
Museum des 20.
Jahrhunderts.

In questa pagina, qui accanto:
maschera Marka,
proveniente dal Malì.

Amedeo Modigliani,
Testa (1915 circa).
New York,
The Museum
of Modern Art.

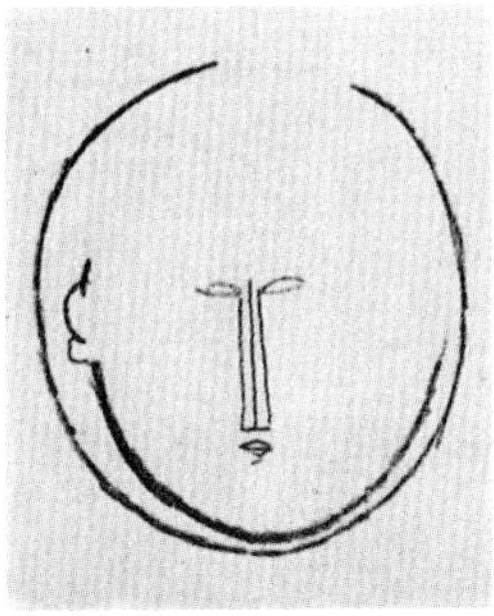

Qui sopra:
Amedeo Modigliani,
disegno (1914-1915).
Basilea,
Kunstmuseum,
Kupferstichkabinett.

Al centro:
maschera Baule,
proveniente
dalla Costa d'Avorio.
Bloomington,
Indiana University
Art Museum.

A destra:
Constantin Brancusi,
La baronessa R.F.
(1910).

Una tale passione per l'Egitto è pari solo a quella che già Degas aveva avuto per quell'arte e che possiamo rintracciare nei suoi *Carnets.* Non a caso ambedue gli artisti furono particolarmente attratti da quegli aspetti che sconfinano nella memoria e che li conducevano a focalizzare i territori psichici e interiori della realtà.

Giancarlo Vigorelli avanza l'ipotesi che nella scultura *Testa di donna* (1912-1913 circa), della collezione Cowles, si possa intravvedere un ritratto di Anna, eseguito a memoria poco dopo la partenza da Parigi dell'Achmatova. In realtà i parallelismi tra quella "pietra", la foto dell'Achmatova all'epoca e alcuni disegni del periodo delle sculture sono sorprendenti. In ordine a queste ipotesi di Vigorelli non esiterei a collegare all'immagine di Anna anche alcune carte, come *Testa di Cariatide* del 1910-1911, e qualche altra opera ancora.

Questa affascinante possibilità di attribuzione, nonché la prova documentaria del reale entusiasmo di Modigliani per l'arte egiziana, non devono però minimizzare il polo dell'"arte négre".

Sarebbe sufficiente citare il seggio Luba del Museum für Völkerkunde di Vienna e raffrontarlo alla *Cariatide rosa* del 1914, per vietare qualsiasi virata frettolosa e senza ritorno verso le rive egizie(1).

Il fatto è che Modigliani rintraccia nell'"arte négre" la presenza di un mondo remoto, fonte di una maniera profondamente organica d'intendere la realtà: dove il mistero dell'essere e la magia della mente giocavano alla pari con le ragioni dello sguardo e dell'analisi. Anzi, se possibile le sopravanzavano. «Come ora capisco», scrive ancora Anna Achmatova, «lo

Qui sopra:
seggio Luba.
Vienna, Museum für Völkerkunde.

Qui accanto:
Cariatide
(1913-1914).
New York,
The Museum of Modern Art.

(1) Modigliani non può tuttavia avere visto questo seggio che già da tempo era conservato a Vienna. Un seggio Luba, di tipologia molto simile, è però pubblicato in Negerplastick *di Karl Einstein, nel 1915. Sembra che la maggior parte delle sculture pubblicate da Einstein provenisse dalla galleria parigina di Brummer, frequentata da Modigliani. A questo proposito è bene vedere* Karl Einstein e l'Arte Africana, *in* Critica d'Arte Africana, *II, n.s., n. 2, 1985.*
Per il problema dei rapporti tra la cultura occidentale e l'"arte négre", si veda: La peinture Françoise et l'Arte Négre *di J. Laude, Parigi 1968; e* Primitivismo nell'arte del XX secolo *di J. D. Flam, Milano 1985.*

Cariatide rosa
(1914).

colpiva in me, più di ogni altra cosa, la capacità di indovinare i pensieri, di vedere i sogni altrui...». Credo che ciò la dica lunga sulla natura di Modigliani.

D'altra parte, invece, l'Egitto rassicurava Modigliani sulla scelta di una forma chiusa in se stessa, ma insieme misteriosamente sfuggente e mentale; elegante, e però capace di tradurre in sintesi la pulsionalità movimentata e alterabile dei personaggi oggetto della sua attenzione.

Quando, da lì a poco, inizierà la serie di straordinari ritratti su carta e su tela, il suo fine non sarà quello di un facile psicologismo, ma invece quello di stabilizzare un carattere e di dare una continuità sintetica ai moti dell'animo. Il giovane livornese ormai si era accorto che la sua volontà creativa gli richiedeva di tradurre in coscienza le sensazioni, e di fare di questa il mezzo di comunicazione primario tra sé e gli altri.

Amedeo Modigliani

di Anna Achmatova (*)

(*) Il brano è tratto dal volume di Anna Achmatova Le rose di Modigliani, *pubblicato dalla casa editrice Il saggiatore, Milano 1982, pp. 19-27.*
*Si deve a Giancarlo Vigorelli se la testimonianza di Anna Achmatova è oggi conosciuta (*I miei incontri con Modigliani, *in* L'Europa Letteraria, *n. 27, marzo 1964).*
Anna Achmatova giunse a Parigi dalla Russia nel 1910. Era in viaggio di nozze con il poeta Gumiliòv, da cui divorziò nel 1916 e che sarà fucilato nel 1921, accusato di anarchismo. In seguito, l'Achmatova sposò l'assiriologo Silejko, ma anche questo matrimonio s'interruppe. Il terzo marito, Punin, subirà a sua volta gli arresti e il figlio Lev sarà per tre volte deportato nei campi. Nel 1913 Anna Achmatova fu privata del passaporto, riavuto solo nel 1964, anche grazie alle pressioni di Giancarlo Vigorelli e per consenso diretto di Kruscev. Dal 1922 al 1940 le fu interdetta qualsiasi pubblicazione. Dal 1946 al 1961 Zdanov la obbligò al più assoluto silenzio, da cui riemerse attraverso il Premio Taormina e, in seguito, il dottorato honoris causa di Oxford. Morì il 6 marzo 1966. Dopo il primo incontro del 1910 Modigliani le scrisse per tutto l'inverno lettere andate perdute. L'incontro tra i due fu breve, ma intenso, colto e passionale insieme.

Credo molto a coloro che lo descrivono diverso da come l'ho conosciuto. Ed ecco perché. In primo luogo, ho potuto conoscere solo una certa parte della sua (splendente) vita: perché ero un'estranea, semplicemente; ero, a mia volta, una donna di vent'anni che non capiva molto, una straniera. In secondo luogo, io stessa notai in lui un grande cambiamento, quando ci incontrammo nel 1911. In un qualche modo, era tutto incupito, dimagrito.

Nel 1910 lo vidi pochissimo, non più che alcune volte. Nondimeno egli mi scrisse durante tutto l'inverno. Non mi disse che scriveva versi.

Come ora capisco, lo colpiva in me, più di ogni altra cosa, la capacità di indovinare i pensieri, di vedere i sogni altrui, e le altre piccolezze, alle quali sono abituati coloro che mi conoscono. Ripeteva sempre: «On communique». Spesso diceva: «Il n'y a que vous pour réaliser cela».

Probabilmente io e lui non si capiva una cosa fondamentale: tutto quello che avveniva, era per noi la preistoria della nostra vita: la sua molto breve, la mia molto lunga. Il respiro dell'arte non aveva ancora bruciato, trasformato queste due esistenze: e quella doveva essere l'ora lieve e luminosa che precede l'aurora. Ma il futuro che, com'è noto, getta la sua ombra molto prima di attuarsi, batteva alla finestra, si nascondeva dietro i lampioni, intersecava i sogni e spaventava, con la terribile Parigi baudelairiana che si nascondeva in qualche posto, lì accanto. E tutto il divino scintillava in Modigliani solo attraverso una tenebra. Era diverso, del tutto diverso da chiunque al mondo. La sua voce mi rimase in qualche modo per sempre nella memoria. Lo conobbi che era povero, non si sapeva come facesse a vivere; come artista non era riconosciuto da nessuno.

Abitava allora (nel 1911) nell'Impasse Falguière. Era povero, così che al Giardino del Lussemburgo sedevamo sempre sulle panchine, e non sulle sedie che venivano noleggiate. Egli non si lamentava per niente, né della sua reale miseria, né del fatto che non fosse riconosciuto. Solo una volta, nel 1911, mi disse che l'inverno precedente era stato così brutto per lui, che non aveva potuto neppure pensare a ciò che gli era più caro.

Mi parve circondato da un compatto anello di solitudine. Non ricordo che egli salutasse mai qualcuno, nel Giardino del Lussemburgo o nel Quartiere Latino dove più o meno si conoscevano tutti. Non sentivo da lui neppure il nome di un conoscente, o di un amico, o di un artista; e non ho sentito mai neppure una frase scherzosa. Non l'ho visto mai ubriaco, da lui non veniva odore di vino. Evidentemente si mise a bere in seguito, ma l'hascisc in qualche modo figurava già nei suoi racconti. Non aveva neppure una palese amica della sua vita. Non mi raccontò mai delle storie di un precedente innamoramento (cosa che, ahimè, fanno tutti). Con me non parlava mai di cose terrestri. Era molto cortese, non per l'educazione ricevuta, ma per la profondità del suo spirito.

In quel tempo si occupava di scultura: lavorava in un cortile, vicino al suo atelier; nel vicoletto vuoto si sentivano i colpi del suo martello. Le pareti del suo laboratorio erano ricoperte da ritratti di incredibile lunghezza (come mi sembra ora, dal pavimento al soffitto). Non ho mai visto le loro riproduzioni: si sono salvati? Egli chiamava la sua scultura «la chose»: ne fece una mostra, mi pare, agli Indépendants, nel 1911. Mi chiese di andarla a vedere, ma alla mostra non si avvicinò a me, perché non ero sola, ma con amici. Durante le mie lunghe assenze, scomparve anche la fotografia che gli avevo regalato...

In quel tempo Modigliani sognava l'Egitto. Mi portò al Louvre, perché visitassi la sezione egizia; affermava che tutto il resto, «tout le reste», non era degno di attenzione. Disegnò la mia testa in acconciatura di regina egizia o di danzatrice, e sembrò del tutto preso della grande arte dell'antico Egitto.

Evidentemente l'Egitto fu la sua ultima passione. Poi divenne così indipendente, che nel guardare le sue tele non viene nessuna memoria d'altro. Oggi questo periodo di Modigliani lo chiamano *Période nègre.*

Diceva: «les bijoux doivent être sauvages» (a proposito della mia collana africana) e mi disegnava con la collana.

Mi portava a vedere *le vieux Paris derrière le Panthéon*, di notte, quando c'era la luna. Conosceva bene la città, ma una volta ci smarrimmo. Disse:

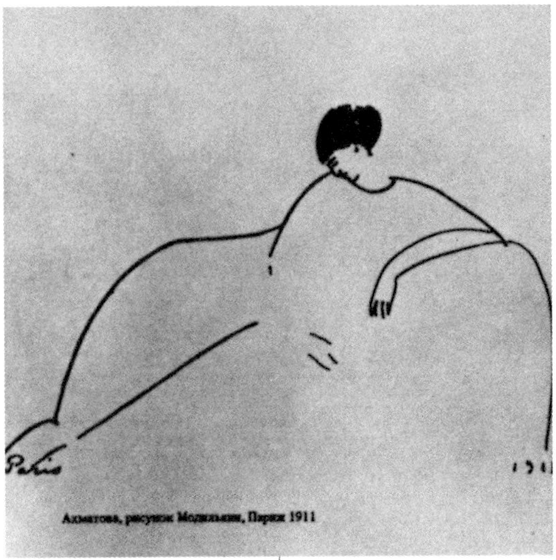

Qui sopra:
Ritratto di Anna Achmatova (1911).

Qui sotto:
Anna Achmatova in una foto del 1914-1915.

«J'ai oublié qu'il y a une île au milieu (L'île St. Louis)». Fu lui a farmi conoscere la vera Parigi.

Sulla Venere di Milo diceva che le donne bellissime, dal bel corpo, che vengono scolpite e dipinte, sembrano sempre goffe quando sono vestite.

Quando c'era la pioggia (a Parigi piove spesso) Modigliani camminava con un enorme ombrello nero molto vecchio. Talvolta sedevamo sotto questo ombrello su una panchina del Giardino del Lussemburgo, pioveva, una calda pioggia estiva, vicino sonnecchiava *le vieux palais à l'italienne*, e noi a due voci recitavamo Verlaine, che conoscevamo bene a memoria, ed eravamo felici di ricordare le stesse poesie.

Ho letto in non so quale monografia americana che, probabilmente, una grande influenza l'ebbe su di lui Beatrice X., la stessa che lo chiamò «perle et pourceau». Posso e ritengo necessario testimoniare che Amedeo era già «illuminato» allo stesso modo molto prima di conoscere Beatrice X., cioè nel 1910. Ed è poco probabile che questa signora, che definisce l'artista «un porcellino», potesse in qualche modo illuminarlo.

Il primo straniero che vide in casa mia il ritratto fattomi da Modigliani (nel novembre del 1945, nella casa di Via Fontanka), mi disse di questo quadro qualcosa che non posso «né ricordare né dimenticare», come scrisse un poeta russo di cosa del tutto diversa.

La gente più vecchia di noi ci indicava in quale viale del Lussemburgo Verlaine, con una torma di ammiratori, camminasse per recarsi al suo caffè, dove di solito poetava, e al ristorante dove pranzava. Nel 1911 per questo viale non camminava Verlaine, ma un signore di alta statura, in un impeccabile soprabito, col cilindro, col nastro della Legion d'Onore: e i vicini bisbigliavano «Henry de Régnier!».

Per noi questo nome non significava niente. Di Anatole France Modigliani (come del resto altri parigini «illuminati») non voleva neppur sentir parlare. Era contento che neppure io lo amassi. E Verlaine, nel Giardino del Lussemburgo, esisteva solo come monumento, che fu inaugurato quell'anno. Sì: e di Victor Hugo Modigliani diceva: «Mais Hugo c'est déclamatoire».

Una volta non fummo chiari nel darci appuntamento, ed io passando da lui non lo trovai a casa. Decisi allora di aspettarlo qualche minuto.

Tenevo tra le braccia un mazzo di rose rosse. La finestra sulle porte chiuse del laboratorio era aperta. Non sapendo che fare, mi misi a gettare rose nell'atelier. Poi, senza aspettare Modigliani, me ne andai.

Quando ci incontrammo, egli mi manifestò il suo stupore: come avevo potuto penetrare nella stanza chiusa, se la chiave l'aveva lui? Gli spiegai quello che avevo fatto. «Non è possibile: erano sparse per terra così bene!».

Modigliani amava di notte errare per Parigi e spesso, ascoltando i suoi passi nel silenzio assonnato della via, mi avvicinavo alla finestra e, attraverso la gelosia, seguivo la sua ombra, che indugiava sotto le mie finestre.

Ciò che era allora Parigi, già all'inizio degli anni Venti si chiamava «vieux Paris e Paris d'avant guerre». Erano ancora numerosi i *fiacres*. I cocchieri avevano le loro osterie, che si chiamavano «Rendez-vous des cochers», ed erano ancora vivi i miei coetanei, che di lì a poco sarebbero morti sulla Marna e presso Verdun. Tutti gli artisti di sinistra, meno Modigliani, vennero richiamati. Picasso era famoso come oggi, ma allora dicevano «Picasso et Braque». Ida Rubinstein recitava la *Salomé*, i Balletti russi di Djagilev (Stravinskij, Nižinskij, Pavlova, Karsavina, Bakst) erano diventati già una tradizione elegante.

Ora sappiamo che il destino di Stravinskij non rimase inchiodato agli anni '10; che la sua opera divenne la più alta espressione musicale dello spirito del XX secolo. Questo allora non lo sapevamo. Il 20 giungo 1910 fu messo in scena *L'uccello di fuoco.* Il 13 giugno 1911 Fokin rappresentò, con Djagilev, *Petruška*.

La cornice dei nuovi boulevards intorno al vivo corpo di Parigi (quella descritta da Zola) non era ancora del tutto terminata (Boulevard Raspail). Werner, amico di Edison, mi indicò nella Taverne du Panthéon due tavoli e disse: «E questi sono i vostri social-democratici: qui ci sono i bolscevichi, e là i menscevichi». Le donne con alterno successo sembravano portare ora dei pantaloni (*jupes-culottes*), ora quasi si fasciavano le gambe (*jupes entravées*). Le poesie erano in pieno abbandono, e le comperavano solo per le illustrazioni di artisti più o meno noti. Già allora capivo che la pittura parigina si era divorata la poesia francese.

René Ghil predicava la «poesia scientifica», e i suoi cosiddetti discepoli, con enorme malavoglia, frequentavano il loro *maître.*

La chiesa cattolica canonizzava Giovanna D'Arco.

Où est Jeanne la bonne Lorraine
Qu'Anglais brulèrent à Rouen?

(Villon)

Ricordavo questi versi dell'immortale ballata, nel guardare le statuette della nuova santa. Erano di gusto del tutto discutibile, e cominciavano a venderle nei negozi di oggetti religiosi.

Un operaio italiano rubò la Gioconda di Leonardo per restituirla alla patria, e a me (che già ero in Russia), pareva sempre di essere stata l'ultima a vederla.

Modigliani si rammaricava molto di non poter capire i miei versi, e sospettava che in essi si celassero non si sapeva quali prodigi, ed erano invece i primi timidi tentativi (per es. in «Apollon», 1911). Della pittura «apollinica» Modigliani apertamente rideva.

Mi stupì che Modigliani considerasse bella una persona notoriamente brutta e insistesse su ciò. Allora pensai: egli certo vede le cose diversamente da noi.

In ogni caso ciò che a Parigi chiamano moda, abbellendola con tutti i più lussuosi epiteti, Modigliani non la notava neppure.

Mi disegnava non «dalla natura» ma a casa mia, e questi disegni me li regalava. Ne ho avuti sedici. Mi chiedeva di metterli in cornice e di appenderli, nella mia stanza di Carskoe Selo. Furono distrutti nella mia casa di Carskoe Selo, nei primi anni della rivoluzione. Si salvò quello che meno degli altri fa presentire i suoi futuri «nudi»...

Più di tutto parlavamo di poesia. Tutti e due conoscevamo molte poesie francesi: Verlaine, Laforgue, Mallarmé, Baudelaire.

Poi incontrai un artista, Aleksandr Tyšler che, come Modigliani, amava e capiva le poesie. Era una tale rarità fra i pittori!

Dante non me lo lesse mai. Forse perché allora io non conoscevo ancora l'italiano.

Una volta mi disse, a caso: «J'ai oublié de vous dire que je suis juif». Di colpo, mi disse di essere nato presso Livorno e di avere ventiquattro anni: invece ne aveva ventisei.

Diceva che lo interessavano gli aviatori, ma quando ne conobbe uno, fu deluso: gli parvero solo degli sportivi (che cosa si aspettava?).

In quel tempo i primi aeroplani, leggeri[1], simili, come tutti sanno, a delle *étagères*, volteggiavano sulla mia torre Eiffel, arrugginita e incurvata: la Torre Eiffel, che aveva la mia stessa età (1889).

Mi sembrava simile a un gigantesco candeliere, dimenticato da un gigante in mezzo alla capitale dei nani. Ma questo è già qualcosa di gulliveriano.

... e intorno ribolliva il cubismo, che da poco aveva vinto, e rimaneva estraneo a Modigliani.

Marc Chagall aveva già portato a Parigi la sua magica Vitebsk, e per i viali di Parigi camminava, in qualità di sconosciuto giovanotto, Charlie Cha-

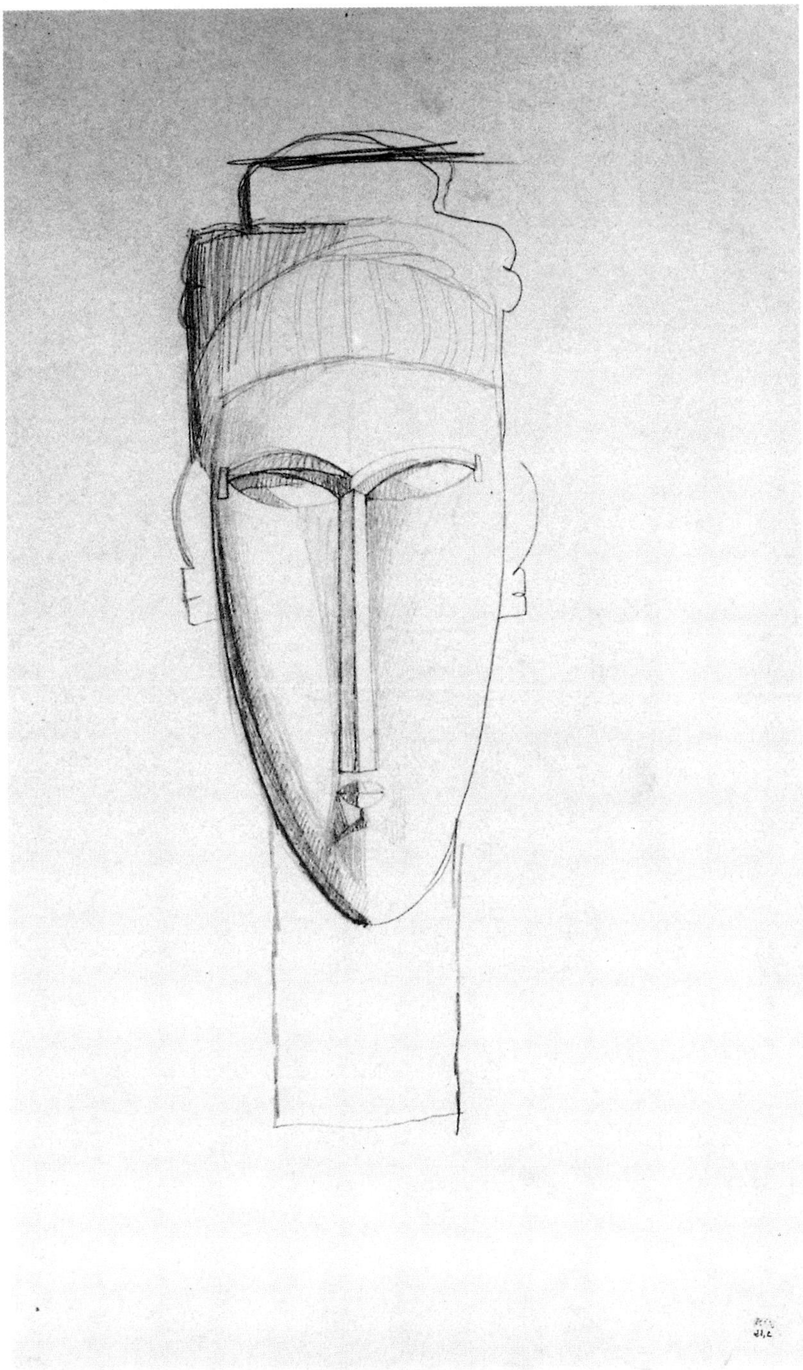

Nella pagina a fianco:
Testa di donna
(1912-1913).

Qui accanto:
Testa di cariatide
(1910-1911).

Queste due opere sono state recentemente considerate ritratti della poetessa Anna Achmatova.

plin, la cui stella non era ancora spuntata. «Il Grande Muto», così chiamavano allora il cinema, taceva eloquentemente.

E lontano, al nord... in Russia erano morti Leone Tolstoj, Vrubel', Vera Kommisarževskaja; i simbolisti si erano dichiarati in crisi, e Aleksandr Blok profetizzava:

O, se sapeste voi, infanti,
Il buio e il freddo dei giorni venturi...

Le tre balene, sulle quali poggia ora il XX secolo, Proust, Joyce e Kafka, non esistevano ancora come miti, benché fossero vivi come persone.

Negli anni seguenti, quando, convinta che un tale artista dovesse essere celebre, brillante, chiedevo di Modigliani a coloro che tornavano da Parigi, la risposta era sempre la stessa: non lo conosciamo, non ne abbiamo sentito parlare[2].

Solo N. S. Gumiljov, quando per l'ultima volta andammo a trovare nostro figlio a Bežetsk (maggio 1918) e io ricordai il nome di Modigliani, lo chiamò «mostro ubriaco» o qualcosa di simile, e disse che a Parigi c'era stato uno scontro fra di loro, perché Gumiljov in una compagnia parlava russo, e Modigliani protestò. All'uno e all'altro rimanevano ancora solo tre anni di vita...

Verso i viaggiatori Modigliani si comportava in modo sprezzante. Pensava che i viaggi fossero il surrogato della vera azione. *Les chants de Maldoror* li teneva sempre in tasca. Allora questo libro era una rarità bibliografica. Narrava come era entrato in una chiesa russa, durante il Mattutino di Pasqua, per vedere la processione, perché gli avevano le cerimonie sontuose. E come un «certo imponentissimo signore» (probabilmente dell'Ambasciata) scambiò con lui il triplice bacio in Cristo. Modigliani, è ovvio, non capiva che cosa significasse ciò...

Per molto tempo mi parve che non avrei sentito altro di lui...

E invece sentii molte altre cose...

All'inizio della NEP, quando facevo parte della direzione di quella che era allora l'Unione degli Scrittori, tenevamo di solito le riunioni nello studio di Aleksandr Nikolaevič Tichonov (Leningrad, Mochovaja 36, editrice La letteratura universale). Allora furono di nuovo possibili i rapporti postali con l'estero, e Tichonov riceveva molte riviste e libri stranieri. Qualcuno, durante una riunione, mi passò il numero di una rivista d'arte francese. L'aprii: una fotografia di Modigliani... Una croce... Un grande articolo tipo necrologio; seppi dall'articolo che egli era un grande artista del XX secolo (ricordo che veniva, in quell'articolo, paragonato a Botticelli), che su di lui c'erano molte monografie inglesi e italiane. Poi, negli anni '30 Erenburg mi raccontò di lui molte altre cose: Erenburg gli aveva dedicato dei versi nel libro *Poesie delle vigilie* e l'aveva conosciuto a Parigi dopo di me. Lessi di Modigliani anche nel libro di Carcot *Da Montmartre al quartiere latino*, e in un romanzo d'appendice, in cui l'autore lo metteva insieme con Utrillo. Posso dire con sicurezza che questo ibrido del Modigliani degli anni 1910-1911 era del tutto inverosimile, e l'autore aveva compiuto una di quelle operazioni letterarie che non si devono fare.

Ma anche poco tempo fa Modigliani è stato il protagonista di un film francese abbastanza volgare, *Montparnasse 19*. Che tristezza!

Bolševo, 1958
Mosca, 1964

(1) Cfr. Gumiljov: «Su pesanti e rumorose macchine / Trafiggere nubi temporalesche».
(2) Non lo conoscevano né la A. Ekster (una pittrice dalla cui scuola uscirono tutti gli artisti «di sinistra» di Kiev), né B. Anrep (un noto mosaicista), né N. Al'tman, che in quegli anni, 1914-1915, dipinse il mio ritratto.

La lezione di Cézanne

L'ARTE DI Paul Cézanne esplode nel milieu parigino con la mostra del 1907.

Se *Les démoiselles d'Avignon* di Picasso può considerarsi un vero e proprio terremoto del linguaggio, alla radice di questo terremoto vi è la ''scoperta'' di Cézanne. Così come alle origini della grande e ineludibile stagione creativa di Modigliani vi è, in ogni caso, la lezione del maestro di Aix. Senza di questa, l'esempio senese sarebbe rimasto un esile filo di vaga spiritualizzazione; la cultura egiziana, e in genere primitiva, non avrebbe dato altri frutti oltre a quelli di una remota persistenza della forma; i passaggi giovanili tra i sapori dell'Oriente e le inquietanti poesie della linea secessionista non sarebbero approdati ai livelli alti della solidarietà, anche amara, verso i destini obliqui dell'uomo; l'attenzione rivolta all'umanità dolorante di Lautrec non avrebbe attinto le note di una perenne emozione.

Forse, infine, il giovane livornese non avrebbe dominato con l'autonomia del grande protagonista, e in un certo modo piegato alle proprie originalissime ragioni, il fuoco multiplo ed incrociato di Montparnasse e la contemporanea ''provocazione'' di Soutine e di Van Dongen, di Lipchitz e Zadkine, di Laurens e di Chagall, per fare solo qualche nome. Non avrebbe vissuto con così serena sicurezza lo ''spalla a spalla'' con Picasso e, in genere, l'aggressività cubista.

Cézanne rappresentò per Modigliani una vera e propria ondata, che lo rese capace di amalgamare e di condurre in altre rive la ricchezza di un bagaglio culturale guadagnato giorno per giorno e il rinnovarsi continuo delle sollecitazioni cui un ''montparnos'' come lui era sottoposto.

Come prima accennavo, sono convinto che il *Busto di giovane nuda* del 1908, esposto al Salon des Indépendants dello stesso anno, riveli già qualche ascendenza cézanniana. Tuttavia, la traccia è ancora debole e si esaurisce in una improvvisa solidità volumetrica che trapassa dalla figura allo sfondo. Troppo poco e, soprattutto, troppo scolastica la traduzione. Dal tutto tra-

Nella pagina a fianco: studio per *Il suonatore di violoncello* (1909).

Qui sopra: Paul Cézanne, *Ragazzo dal panciotto rosso* (1890-1895).

Alice (1915).
Copenaghen, Statens Museum for Kunst.

Alice era la giovane amante di Raymond Radiguet, anch'esso ritratto da Modigliani (si veda l'illustrazione a pagina 13). Fu ad Alice che Radiguet si ispirò per il personaggio dell'eroina del suo romanzo, *Le diable au corps*.

spare un'attenzione al vecchio maestro che tende alla profondità del linguaggio senza attingerla. Tuttavia, il segnale è importante e l'opera lievita, tra le altre dello stesso periodo, per una enigmatica e corposa presenza della figura femminile. Peraltro, l'attenzione e l'approfondimento del linguaggio di Cézanne non si esprimono subito in modo costante. Sembra quasi che, dal 1908 al 1914, egli di tanto in tanto si senta maturo per tentare di venire a capo dei problemi della propria espressività: quei problemi e quel grande potenziale creativo che la pittura di Cézanne gli avevano sottolineato. Ritratti come quello dedicato al padre di Paul Alexandre (del 1909) o a Paul Alexandre stesso (sono tre, sempre del 1909), pur nella loro squisita qualità, segnano una pausa, un affinamento sì, ma di una lingua già sperimentata e acquisita a Venezia. Così dicasi per il ritratto di Marcel Drouard o per *La mendicante*, personaggio noto nell'ambiente ''bohemien'' di Montparnasse.

Invece, il ritratto probabilmente riferibile all'incisore Maurice Potin (ancora del 1909) rivela somiglianze eclatanti e incontestabili con gli autoritratti del 1880-1885 di Paul Cézanne: tanto da far sospettare che si tratti di una dedica e che Potin ne fosse solo l'occasione esecutiva. Ciò vale anche per *Studio di suonatore di violoncello* (1909), le cui radici ognuno potrà ritrovare facilmente in *Il ragazzo dal panciotto rosso* (1890-1895) del maestro di Aix. Ma già la seconda e definitiva versione, esposta al Salon des Indépendants del 1910, sfugge all'indietro, verso connotazioni più raffinate, ma meno problematiche e incisive.

Per ritrovare la pista di Cézanne dobbiamo attendere opere come *Alice*, *L'enfant gras*, *Chaim Soutine*, *Moise Kisling*, tutte del 1915.

Ed è finalmente una traccia ampiamente risolta nella piena e assoluta maturità del suo linguaggio. La stasi pittorica di Modigliani tra il 1909 e il 1914, anni in cui si dedica prevalentemente alla scultura, non giustifica questa discontinuità. Non si trattò, in ogni caso, di un'interruzione così lunga e nemmeno radicale. Un altro ritratto di Paul Alexandre è, per esempio, del 1911-1912. Ad ogni buon conto, la ripresa pittorica del 1914 avviene all'insegna delle contaminazioni orientali riscontrabili nel *Ritratto di Diego Rivera*, che ci presenta peraltro un ''pointillisme'' ancora inedito nella storia di Modigliani. La tecnica è ancora più ribadita nello studio e nella versione definitiva del *Ritratto di Frank Burty Haviland*.

Il ponte con Cézanne è ritentato solo nell'*Henri Laurens seduto a un tavolo*, giustamente collocato da Ceroni subito dopo *Gli sposi*, opera sicuramente in debito con il Cubismo. Si direbbe che fino a *Testa di ragazza dai capelli sciolti* e *Monsieur Chèron*, ai già citati *Alice* e a *L'enfant gras*, tutti del 1915, il percorso di Modigliani rivolto alla riflessione sui valori costruttivi di Cézanne subisca una sorta di attacco, specie da parte della rielaborazione cubista di quella stessa lezione cézanniana cui l'artista livornese si rivolgeva. Si veda l'incerta definizione di linguaggio di un lavoro come *Testa di giovane rossa*, confrontato con *Testa di ragazza dai capelli sciolti*, che sembra richiamarvisi. La stessa *Madame Pompadour*, pur nella raffinata misteriosità e ironia che hanno reso famosa l'opera, è un lavoro tutto giocato in superficie, rispetto, per esempio, a *Testa di ragazza dai capelli rossi*, che conserva più di altri alcuni assunti cubisti, ma il cui mistero affonda nel corpo spesso e stratificato della materia.

In cosa consisteva la pista lungo la quale l'artista livorne-

ALICE
Modigliani

L'enfant gras
(1915).

se rileggeva e rielaborava i valori e le pulsionalità della pittura di Cézanne, senza arrendersi all'onda cubista?

L'arte di Paul Cézanne sottolineava alcuni elementi determinanti per gli sviluppi della pittura che dal secolo scorso si proiettava nel nostro. Prima di tutto essa ribadiva i valori della coscienza, collegati in presa diretta con la ricerca conoscitiva all'interno della specificità del linguaggio. Per Cézanne il pittore doveva conoscere il mondo attraverso il dipingere. A questo proposito, egli era ben lontano dal cancellare i presupposti retinici e percettivi dell'Impressionismo, ma sviluppava una vera e propria riorganizzazione dei sensi in quel mare iperesteso di "petites sensations". Il suo fine era quello di riordinare le coordinate dello spazio e del tempo, intesi come storia

Chaim Soutine (1915). Stoccarda, Staatgalerie.

Soutine era un ebreo lituano che giunse a Parigi nel 1913. Modigliani fu particolarmente legato al giovane pittore, che ritrasse più volte.

ed esperienza degli esseri umani, attraversando con esse la fragile instabilità del fenomeno luminoso.

Inoltre, Cézanne dimostrava che era possibile praticare un senso storico del mondo più ampio e organico, ricollegando i poli della cultura più ''sofisticata'' a quelli di una cultura che affondava nella primitività: la classicità e il Romanticismo. Ingres e Delacroix, per intenderci.

Non è peraltro da sottovalutare il fatto che il maestro di Aix era il primo a esaltare valori costruttivi legati a un sentimento primitivo della forma. Questa nuova prospettiva di lavoro finiva con il tracciare itinerari incrociati, da un lato verso la riduzione della forma, quasi risospinta nella culla della sua epifania, da un altro lato verso la sua maturazione riflessiva.

Moise Kisling (1915).

Ebreo polacco, di famiglia agiata, Kisling giunse a Parigi nel 1910, all'età di vent'anni. Artista spesso violento, ma generoso, fu accanto a Modigliani fino alla fine.

Perciò Modigliani si avvedeva subito di poter usufruire di stimoli nuovi e meditati, a vantaggio di un'arte che facesse tesoro del progetto cézanniano di riorganizzazione dei dati sensibili e, contemporaneamente, concretizzasse una più nuova riflessione formale.

L'altro artista di Montparnasse, pronto a cogliere il valore di simili aperture, fu Pablo Picasso. Sarà sufficiente ricordare, la griglia analitica scaturita dalla dialettica dichiarata, e divenuta linguaggio, tra le due dimensioni della tela e le tre dimensioni dello spazio: una dialettica che si organizza in sintassi costruttiva, capace di progettare un circuito organico di ''segni'' che solo il suo Cubismo poteva editare. Da parte sua, Modigliani non sentì in Cézanne solo la possibilità di una griglia costruttiva, autosufficiente, ma percepiva, addirittura, una nuova possibilità di armare una sonda psichica, che proiettava quel tempo e quello spazio all'interno dell'io.

Sia Picasso che Modigliani intendevano portare alle estreme conseguenze alcuni dei presupposti basilari della pittura di Cézanne. Ma la realtà nuova, che i loro rispettivi itinerari sottolineavano, è parallelamente intesa ma diversamente perseguita. Perciò, tra l'altro, i due si stimavano ma non si amarono mai. La ragione c'era e non era soltanto caratteriale. Mentre Picasso riconduce l'alterabilità fenomenica dello spazio all'immutabilità della superficie, Modigliani risolve la mobilità della psiche nella profondità della coscienza. Le due traiettorie non

Frank Burty Haviland
(1914).

**L'effigiato,
inglese,
era un agiato
collezionista,
pittore e poeta.**

solo si presentano parallele, ma nascono da una comune e complessa origine. Tuttavia sono tra loro lontane e solo in apparenza conciliabili. Infatti, la prima (quella picassiana) trova la propria verifica nella costruzione razionale; la seconda si definisce e si sublima nella tangibile interezza dell'interiorità e nella sua inappagata nostalgia. Una tale soluzione non era d'altra

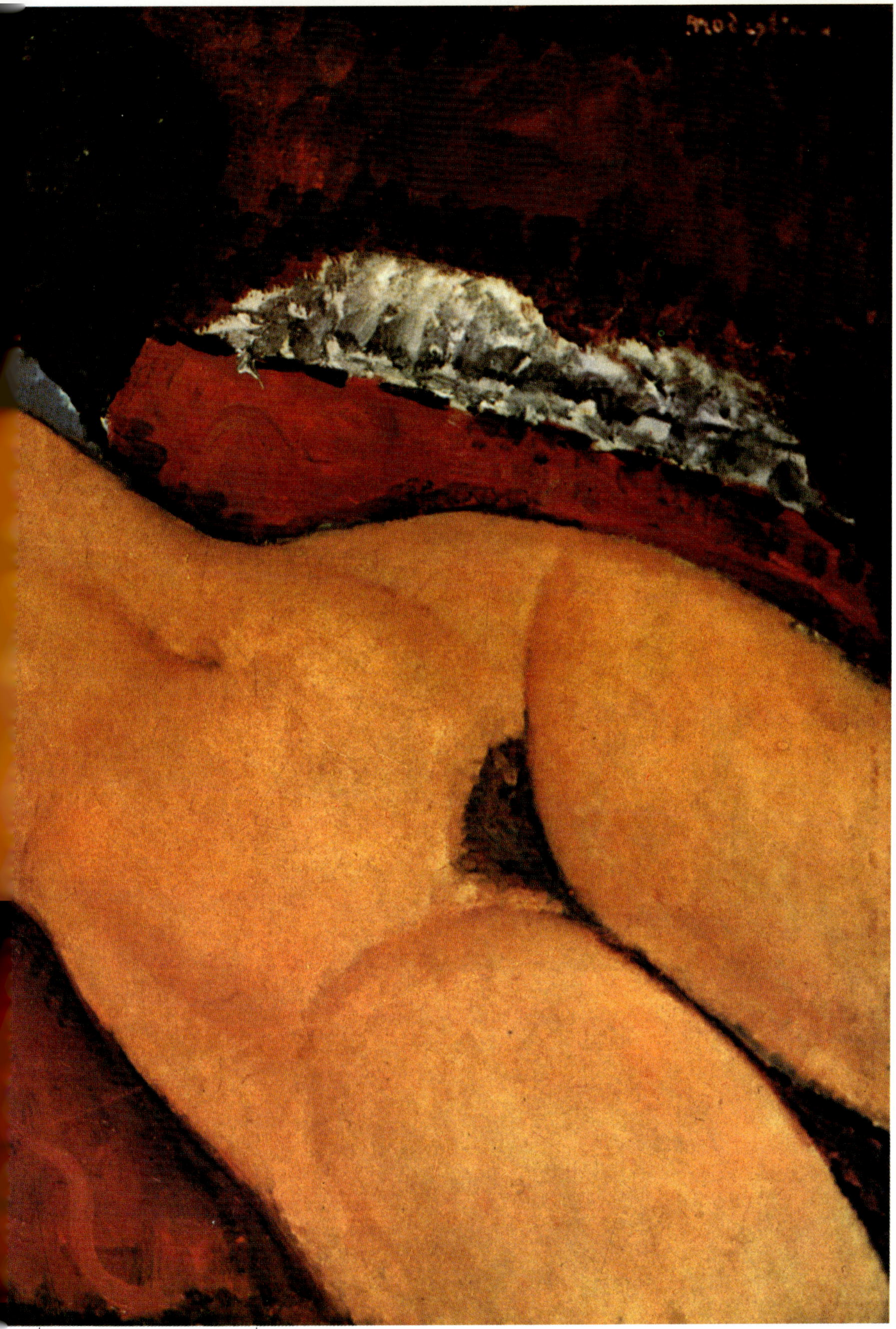

Nudo sdraiato a braccia aperte (1917).

parte prevedibile. Ecco perché per Modigliani si è tanto spesso urlato al miracolo.

Egli cominciò a operare in anni in cui ogni sistema "metrico" dell'arte viene rivoluzionato dalle avanguardie, e termina la propria affascinante avventura, umana e creativa, quando già soffia il vento del richiamo all'ordine. Il suo lavoro è

Madame Pompadour (1915). Chicago, Art Institute.

stato collocato il più delle volte sotto l'ala mitologica della purezza: Modigliani paga ancora oggi questo evidente occultamento del suo scandalo e della sua imprevedibilità. Paga il fatto di avere atteso alla "riorganizzazione" del linguaggio secondo misure interiori e di avere inteso Cézanne al di là della logica conseguenziale dell'"ingegneria" modernista.

Egli, al contrario, riafferma le ragioni della psiche al di qua dello psicologismo. Così come afferma i ritmi della persistenza e della durata, ma non li iscrive nella solida volumetria dell'arcaicità o nella tranquilla presenza della bella forma. Modigliani è pittore che sa essere irriverente delle buone regole, nonostante le interpretazioni crociane o novecentesche abbiano irretito la realtà del suo volo. È "refrattario" alle armonie tradizionali del pennello. Se poniamo mente al fatto che dipinge in anni in cui la pittura dichiara esplicitamente di sapere tutto di se stessa e della sua storia, egli va considerato, senza essere fraintesi, un pittore intenzionalmente "rozzo", capace di "tirare via", senza concedere più di tanto all'aristocrazia del pennello: compresa quella delle avanguardie. Ciò non vuol dire

Paul Guillaume (1916). Milano, Civica Galleria d'Arte Moderna.

È il ritratto del famoso mercante d'arte che si interessò al lavoro di Modigliani.

che Modigliani non sia pittore colto. Anzi, la sua è invece una cultura che gli permetteva di concepire magicamente l'interiorità e di sentire, con uguale magia, il fluido misterioso che si diffonde dalle zone dell'io e che circoscrive le forme come un notturno "rabesco".

Tutto ciò va a nutrire un sentimento di continuità che però non ha nulla a che vedere con l'armonia e gli equilibri della cosiddetta "buona pittura". Il suo segno rotondo affonda nella lontananza quei corpi e quei volti dei quali sottolinea nello stesso tempo la tangibilità. Infatti, per Modigliani la linea è pittura, soglia di profondità e di concentrazione di energia. Per la prima volta nella storia dell'arte, la linea nasce dalla pittura allo stesso modo dell'orizzonte, che si rivela all'occhio per mezzo della luce del sole. Sorge, cioè, dalla trama del dipingere, ed è ribadita come sua specificità e mistero.

Ma in quanto soglia fra il buio e la luce, in quanto "ferita" che sottolinea la pulsionalità dell'io, essa contribuisce a realizzare l'affermazione della coscienza dell'arte assieme a una vera e propria arte della coscienza.

Dal 1913 al 1920 Amedeo Modigliani dipinge 296 opere. Sono tutti ritratti o nudi. Fanno eccezione solo quattro paesaggi che Modigliani dipinse nel 1919, quando Zborowski lo convinse a risiedere con la Hébuterne in Costa Azzurra, vuoi per l'imminente maternità di Jeanne, vuoi per i razionamenti e i bombardamenti bellici, vuoi soprattutto per l'aggravarsi delle sue condizioni di salute.

I disegni su carta, invece, sono stati per tradizione suddivisi in tre raggruppamenti: quelli del periodo delle sculture, quelli ''à boire'' e gli altri. Quelli ''à boire'' sono a volte considerati come troppo occasionali. Ho qualche dubbio, perché Modigliani cercava il contatto umano e al tavolo di un bistrot lo trovava spesso più che in altri luoghi.

Anche qui vi è da dire qualche cosa sulla sua famosa linea, capace (su carta come su tela), di ''fondare'' lo spazio. Spesso, in quelle carte in cui essa appare più esile e più tagliente (una vera e propria ferita della superificie), è derivata da un'opera di ''ricalco''. Vale a dire che Modigliani ripercorreva su di un foglio, in trasparenza, un disegno abbozzato alla svelta: l'energia e la tensione sono per lui il risultato di un lavoro, perfino tangibile, di sottrazione e di sintesi.

Quanto più sembra un raffinato (da intendersi come atteggiamento linguistico), tanto più, invece, è nei fatti un rigoroso cultore di una lingua che incide il silenzio e insieme vi affonda. Perciò Modigliani ha sempre un piede sulla soglia del dramma. Anche quando il suo segno sembra maggiormente rivolto all'occasione. Ed è un dramma muto e senza clamori, come solo la pittura di Cézanne poteva avergli suggerito. D'altra parte, il maestro di Aix non solo rappresentava per Modigliani un atteggiamento di fondo e un modo di porsi a ''guar-

Nella pagina a fianco:
Nudo sdraiato,
col braccio destro
sotto la testa (1919).
Roma,
Galleria Nazionale
d'Arte Moderna.

Qui accanto:
Cariatide in piedi
(1913).

dare'' il mondo, ma gli forniva anche alcuni elementi compositivi e specifici del dipingere stesso. A tale proposito è da sottolineare il fatto che Modigliani si appropria di alcuni ''vizi'' cézanniani. Cito per tutti la pennellata ''a matassa''; la stesura del colore che ritmicamente s'interrompe quasi a voler rivelare la costruttività della pennellata; la posa stessa dei personaggi ritratti, specialmente per quanto riguarda le braccia e l'intrecciarsi delle mani, o gli sfondi su cui si accampano. Per troppo tempo, ci si è dimenticati che la bellezza e l'armonia venivano tradotte da Modigliani in concretezza di profondità, distogliendole dall'astrattezza delle categorie. E che in fin dei conti erano da lui praticate criticamente, si direbbe per contraddirle.

Scrivevo, appunto, di qualche ''vizio'' ripreso da Cézanne. Si vedano, per esempio, *Donna con caffettiera* o *Madame Cézan-*

Nella pagina a fianco:
Léopold Zborowski
(1918).

Qui accanto:
Hanka Zborowska
(1919).

Sono i ritratti dei coniugi polacchi che furono vicini a Modigliani fino alla morte. Léopold era poeta e conobbe Modigliani nel 1916.

ne in rosso del pittore francese e *Ragazza con vestito giallo* o altre opere di Modigliani. Si veda la posizione delle mani, anche se spesso, in Modigliani, assumono un atteggiamento più spigliato. Tuttavia, le mani e le braccia sono dipinte con una valenza volumetrica che lo isola dalla diversa plasticità delle maniche. Non vi sono dubbi che si tratta dell'"errore" ingresiano raccolto da Cézanne. È proprio quell'"impaccio" di cui ha sempre parlato chi non aveva inteso l'autonomia del linguggio di Cézanne rispetto a qualsiasi naturalismo, compreso quello, dissidente dell'esperienza retinica impressionista.

Altre continuità stilistiche di immediata evidenza? Per esempio, gli sfondi. Modigliani solo raramente li risolve in dissolvenze luminose o in "atmosfere". Preferisce invece far suo l'esempio di Cézanne, lavorandoli plasticamente. Il risultato è quello di creare una spazialità problematica, fondata e insie-

Qui accanto:
Jeanne Hébuterne
(1918).

Modigliani incontrò Jeanne nel 1917, quando era allieva diciannovenne dell'Académie Colarossi. Dalla loro unione nacque una bambina nel 1918 a Nizza. Jeanne, che quando morì Modigliani (24 gennaio 1920) aspettava un secondo bambino, si gettò dalla finestra il giorno dopo la morte dell'artista.

Nella pagina a fianco:
Lunia Czechowska
(1919).

me contraddetta da una sintetica geometria, che appare ''distesa'' sul piano e però plastica. Allo scopo è sufficiente, come per Cézanne, l'abbozzo di una porta o di una finestra, che però negano di fatto l'apertura verso spazi ''altri'', siano esse lontananze narrative o metafisiche.

Dunque Modigliani si serve scopertamente di modi e forme ''sottratte'' al vocabolario di Cézanne. Ma c'è qualcos'altro, ed è qualcosa che contrassegna più a fondo il suo mondo creativo e che meglio ci fa intendere la qualità e profondità con cui Modigliani leggeva la pittura. L'allungamento di certi elementi anatomici, in particolare il collo e le braccia, ma, nell'insieme, di tutta la figura umana, incomincia ad apparire nel *Busto di giovane nuda* del 1908 e nei ritratti dei fratelli Alexandre del 1909. Ma in quei dipinti, malgrado affiori qua e là l'orma cézanniana, le forme si allungano ancora sotto la spinta dell'onda secessionista, in cui s'intrecciano nuove pulsioni ed antichi sfinimenti.

modigliani

È in *Studi per suonatore di violoncello* (sempre del 1909) che le cose cominciano a cambiare. E ciò accade proprio in un'opera che, come già abbiamo visto, è strettamente legata a *Ragazzo dal panciotto rosso* di Cézanne. *Testa di zingaro*, *Testa di giovane donna*, *Busto di giovane donna* (del 1910) confermano le premesse.

È evidente che lungo questa linea di lettura il caso Modigliani si complica, scardinando il "trait d'union" semplicistico Siena/primitività, in larga parte affermato grazie, forse, alla facilità dell'assunto. Solo così tuttavia, si può penetrare nella complessità di un mondo come quello di Modigliani: "antico" ma non tradizionale, "moderno" ma non catturato dal suo mito.

Amedeo Modigliani è, in realtà, un "classico": nella stessa accezione per cui consideriamo classici Degas e Cézanne. Come tutti coloro, insomma che cercarono un iperbolico collegamento, e una centralità problematica, fra le stazioni della tradizione e della modernità. Una dialettica che faceva perno sulla concretezza del linguaggio ma che contemporaneamente lo incaricava di profonde responsabilità.

A sinistra:
Ragazza con vestito giallo (1917).

Qui sotto:
Paul Cézanne,
La signora Cézanne in rosso
(1890-1894).
San Paolo,
Museu de Arte.

Nella pagina a fianco:
La piccola Marie
(1918).

QUADRO CRONOLOGICO

AVVENIMENTI STORICI E ARTISTICI		VITA DI AMEDEO MODIGLIANI
Esce *A rebours* di Huysmans, breviario di estetica e di sensibilità decadente. Viene dato alle stampe *Problemes de l'esthätique contemporaine* di Guyan.	**1884**	Amedeo Modigliani nasce a Livorno il 12 luglio.
Zola pubblica *L'oeuvre*; edizione illustrata de *L'Isotta Guttadauro*, raccolta di poesie di D'Annunzio. Nasce, sotto la guida di Gauguin, la Scuola di Pont Aven.	**1886**	
Viene dato alle stampe *L'art au point de vue sociologique* di Guyan.	**1887**	
Guglielmo II diviene re di Prussia e imperatore di Germania. Si forma il gruppo dei Nabis. Al Salon des Indépendants vengono esposte tre tele di Van Gogh.	**1888**	
Nasce Adolf Hitler. Esposizione Universale di Parigi. D'Annunzio pubblica *Il piacere*.	**1889**	
Van Gogh muore suicida.	**1890**	
Enciclica *Rerum novarum* emanata da Leone XIII: si ribadisce la condanna del socialismo, si riconferma il diritto di proprietà e si respinge il principio della lotta di classe e il diritto allo sciopero.	**1891**	
Secessione di Monaco.	**1892**	
Secessione di Berlino.	**1893**	
I fratelli Lumière costruiscono il primo apparecchio cinematografico. Marconi realizza il primo collegamento senza fili. Röntgen esegue la prima radiografia. Personale di Cézanne presso Vollard. Nasce la Biennale di Venezia.	**1895**	Si riprende da una grave pleurite che inciderà per sempre sulla sua salute.
Richard Strauss compone *Così parlò Zarathustra*. Prima rappresentazione di *Salomè* di Oscar Wilde. Ad Atene si svolge la prima Olimpiade moderna.	**1896**	
Secessione di Vienna; viene pubblicata la rivista *Ver Sacrum*.	**1897**	Nell'agosto inizia un corso di lezioni di disegno che sembra catturare tutte le sue energie.
	1898	Si ammala di tifo ed è aflitto da complicazioni polmonari. Abbandona gli studi e frequenta lo studio di Micheli che era stato allievo di Giovanni Fattori.
A Torino è fondata la Fiat.	**1899**	La madre attesta in un suo diario la passione di Modigliani per la pittura: «... ne fa tutto il giorno e tutti i giorni con un ardore sostenuto che mi stupisce e mi incanta [...]. Io non me ne intendo ma mi sembra che per avere studiato solo tre o quattro mesi non dipinga troppo male e disegna benissimo...». Ritrae il figlio di Micheli e firma un autoritratto.
A Monza viene ucciso Umberto I dall'anarchico Gaetano Bresci; sale al trono Vittorio Emanuele III. Freud pubblica *L'interpretazione dei sogni*.	**1900**	
In Inghilterra muore la regina Vittoria; succede al trono Eduardo VII. A Milano muore Giuseppe Verdi. Inizia il cosiddetto "periodo blu" di Picasso.	**1901**	Si riacutizza una lesione polmonare ed è costretto a soggiornare con la madre a Napoli. Al ritorno visita Roma e Firenze. Invia all'amico Oscar Ghiglia un numero imprecisato di lettere: cinque di queste sono pervenute fino a noi a testimonianza del suo fervore giovanile.
La Transiberiana raggiunge il porto asiatico di Vladivostock. Benedetto Croce scrive *L'Estetica*. Muore Zola.	**1902**	Si iscrive alla Scuola libera di Nudo di Firenze.
	1903	Si iscrive alla Scuola libera del Nudo all'Istituto delle Belle Arti di Venezia.
Picasso si trasferisce definitivamente a Parigi. Max Jacob battezza l'edificio in cui va a vivere Picasso Bateau Lavoir (battellolavatoio), interpretando con ironia la sagoma della costruzione.	**1904**	
In Russia, ammutinamento della corazzata Potemkin. Einstein mette a punto la teoria della relatività. Cézanne termina le *Grandi bagnanti*, frutto di sette anni di lavoro.	**1905**	Soggiorna a Venezia. Dal diario della madre sappiamo che «ha finito il ritratto di Olper e parla di farne altri...». È pervenuto fino a noi il ritratto di Fabio Mauroner che fu esposto alla Biennale di Venezia del 1930.
Scoppia l'"affaire Dreyfus". Il 22 ottobre muore Cézanne, colto da una sincope mentre lavora "sur le motif" (la montagna di Aix); dieci sue tele sono esposte sl Salon d'Automne.	**1906**	Nell'inverno si trasferisce a Parigi. Affitta uno studio in rue Caulaincourt, a Montmartre, dalle parti del Bateau Lavoir.
Bergson pubblica *L'evoluzione creatrice*. Picasso dipinge *Les démoiselles d'Avignon*. In Germania nasce il Deutscher Werkbund che teorizza una produzione industriale capace di un'alta qualità estetica; vi partecipano anche Van der Velde, Hoffmann, Gropius, Meyer; molti di questi si ritroveranno poi nel Bauhaus.	**1907**	Conosce il dottor Paul Alexandre, che diventa suo estimatore e collezionista.
A Firenze Prezzolini fonda *La Voce*. Esce il libro di Worringer *Abstraktion und Einfühlung*. A Parigi, memorabile serata al Bateau Lavoir in onore di Henri Rousseau.	**1908**	Espone sei opere al Salon des Indépendants, tra le quali *L'ebrea* e *Busto di giovane nuda*.
Nobel a Marconi per lo sviluppo della telegrafia senza fili. Primo manifesto futurista, pubblicato a Parigi.	**1909**	Dipinge il ritratto di Paul Alexandre, del padre e del fratello. Nell'estate torna a Livorno. Al ritorno ha con sé *Il mendicante*. Paul Alexandre lo presenta a Brancusi, di cui dipinge il ritratto che si trova abbozzato sul verso della tela su cui dipingerà lo *Studio per il suonatore di violoncello*.
Pio X impone al clero il giuramento antimodernista. Braque dipinge *Violino e tavolozza*, proiettando sulla tela la propria ombra; Kandisky lavora al testo *Sullo spirituale nell'arte*.	**1910**	Espone al Salon des Indépendants. Sono sei opere tra cui *Il suonatore di violoncello*, *Il mendicante di Livorno*, *La mendicante*. Disegna molto e comincia a lavorare la pietra con continuità. Incontra la poetessa russa Anna Achmatova, con la quale ha un'intensa relazione intellettuale e affettiva.

AVVENIMENTI STORICI E ARTISTICI		VITA DI AMEDEO MODIGLIANI
Rivoluzione in Cina, proclamazione della repubblica. Guerra italo-turca: l'Italia annette la Tripolitania e la Cirenaica. Arnold Schönberg pubblica il *Trattato di armonia*; Thomas Mann scrive *Morte a Venezia*. Kandinsky, Marc e Macke fondano il movimento *Der blaue Reiter*. Il Louvre acquisisce tre opere di Paul Cézanne; de Chirico è a Parigi.	**1911**	
Naufragio del Titanic durante il viaggio inaugurale. Nasce il Cubismo sintetico. Duchamp lavora al *Nudo che scende le scale*. Alla galleria Le Boetie vengono esposte 300 opere cubiste: è la mostra de "La section d'or". Metzinger pubblica *Du Cubisme*.	**1912**	Espone al X Salon d'Automne otto sculture in pietra.
Apollinaire scrive *Alcools*. A New York, nell'armeria del 69° Reggimento di fanteria si svolge l'Armory Show: vengono esposte 1100 opere di circa 300 artisti americani ed europei del secondo Ottocento e del primo Novecento. Malevič fonda il Suprematismo.	**1913**	Desideroso di tornare in Italia almeno per un breve periodo, deposita nel cortile del dottor Paul Alexandre le sue sculture. Ma poco dopo riprende le opere: è dunque possibile che Modigliani abbia rinunciato al viaggio. È dell'autunno il ritratto a mezzo busto dello stesso Alexandre: sembra che l'artista lo avesse lasciato per lui alla portineria della clinica dove il dottore lavorava. L'opera fu eseguita senza pose.
A Sarajevo avviene l'assassinio dell'arciduca Francesco Ferdinando d'Austria e di sua moglie: inizia la grande guerra.	**1914**	Paul Alexandre viene arruolato. Modigliani incontra Beatrice Hastings.
L'Italia entra in guerra con l'Austria. A Zurigo nasce Dada; Tristan Tzara proclama: «Dada non significa nulla. Dada è un prodotto della bocca».	**1915**	Max Jacob lo presenta a Paul Guillaume, amatore d'arte e mercante.
	1916	Conosce Léopold Zborowski, il poeta polacco, del quale, nello stesso anno, esegue il primo ritratto.
Disfatta italiana a Caporetto. Gli Usa entrano in guerra. Rivoluzione in Russia.	**1917**	È l'anno dei ritratti di Hanka (moglie) e di Lunia Czechowska, familiare degli Zborowski. Inizia la serie dei nudi. Conosce, in aprile, Jeanne Hébuterne. Jeanne ha diciannove anni e frequenta l'Académie Colarossi. In dicembre, dal 3 al 30, la Galleria Berthe Weill allestisce la sua prima mostra personale. La questura impone il ritiro dei nudi giudicati offensivi dal pubblico pudore.
Vittoria italiana a Vittorio Veneto. Resa dell'Austria: abdicazione di Carlo I e proclamazione della repubblica.	**1918**	Assieme a Jeanne si trasferisce in Costa Azzurra, tra Nizza e Cagnes, dove vive per più di un anno grazie agli aiuti di Zborowski. Jeanne è in stato di gravidanza. Parigi è sotto i bombardamenti e nella capitale i viveri vengono razionati. Dipinge i quattro paesaggi giunti fino a noi. Il 29 novembre nasce una bambina. Solo in seguito verrà riconosciuta all'anagrafe come sua figlia: Jeanne Modigliani.
Conferenza di pace di Parigi: nasce la Società delle Nazioni. Guerra civile in Russia. Moti comunisti in Germania. Repubblica di Weimar.	**1919**	Rientra a Parigi. Dipinge il suo unico autoritratto. Il suo ultimo lavoro è il *Ritratto di Mario*.
In Italia, squadrismo fascista. In Germania putsch di Kapp. In Francia fondazione del partito comunista.	**1920**	Muore all'ospedale della Carità. Dopo pochi giorni, in una lettera alla famiglia, Zborowski scrive fra l'altro: «... la sua compagna, poveretta (Jeanne), non gli è sopravvissuta: il giorno dopo la morte di lui, alle 4 del mattino si è gettata dalla finestra del quinto piano della casa dei propri genitori uccidendosi sul colpo».

Modigliani in una foto del 1909.

BIBLIOGRAFIA

A. Achmatova, *I miei incontri con Modigliani*, in *L'Europa Letteraria*, n. 27, marzo 1964; G. Castelfranco, *Modigliani*, in *La Pittura moderna*, Firenze 1934; A. Ceroni, *Amedeo Modigliani, dessins et sculptures*, Milano 1965; idem, *I dipinti di Modigliani*, Milano 1970; B. Dorival, *L'Ecole de Paris au Musée National d'Art Moderne*, Parigi 1961; W. Hofmann, *Henri Laurens. Sculptures*, Stoccarda 1970; H. I. Hubbard, *Modigliani and the painters of Montparnasse*, Milano-New York 1970; J. Lipchitz, *Amedeo Modigliani*, Parigi 1954 (ed. ital. Milano 1959); J. Leymarie, G. Monnier, B. Rose, *Le Dessin*, Parigi-Ginevra 1979; G. Marchiori, *Modigliani*, Milano 1953; J. Modigliani, *Modigliani senza leggenda*, Firenze 1958; *Modigliani a Montparnasse*, con scritti di autori varî, cat. mostra Verona-Milano 1988, ed. Milano-Roma 1988; O. Patani, *Modigliani, disegni*, Milano 1976; idem, *Modigliani, disegni*, Milano 1982; A. Salmon, *Le vagabond de Montparnasse. Souvenirs inedits*, in *Les Oewres Libres*, Parigi, febbraio 1939, n. 212; L. Vitali, *Disegni di Modigliani*, in *Arte Moderna Italiana* n. 15, Milano 1929 e 1936; idem, *Quarantacinque disegni di Modigliani*, Torino 1959; A. Werner, *Modigliani*, in *Tomorrow*, aprile 1951.

Testa di donna dai capelli rossi (1915). Torino, Galleria Civica d'Arte Moderna.

REFERENZE FOTOGRAFICHE

Copertina: Archivio Giunti; Cortesia autore: 6a, 16, 23, 34, 36/37, 40; D.R.: 2-5, 6b, 7-15, 17-22, 25-33, 35, 38, 39, 41-50:
Fascicoli e dossier arretrati:
Servizio abbonati
Tel. (055) 5062267
Fax (055) 5062287
c.c.p. 12940508
intestato a Art e Dossier, Firenze

Art e Dossier
Inserto redazionale allegato al n. 30, dicembre 1988
Direttore responsabile Bruno Piazzesi
Pubblicazione periodica Reg. Cancell. Trib. Firenze n. 3384 del 22.11.1985

Printed in Italy

Stampa presso Giunti Industrie Grafiche S.p.A. Stabilimento di Prato

Iva assolta dall'editore a norma dell'articolo 74 lett. c - DPR 633 del 26.10.72

ISBN 88-09-76086-7